A Shahzada che,

dai verdi pascoli del cielo,

continua ad essere

fonte di ispirazione.

ISBN 978-88-942110-2-3

Barbara Miele

VECCHIO A CHI?

Trucchi e consigli per la gestione del cavallo anziano

L'Arca Communication

Indice

Introduzione 7

Prevenire è meglio che curare 9

Dall'attività sportiva alla pensione...............11

Il paddock..11

I ferri...13

Il lavoro e il contatto..................................14

Vecchio è bello!..17

La gestione del cavallo anziano..................21

Denti, alimentazione e integratori 21

L'importanza di una corretta idratazione 24

vaccini e vermifughi....................................26

come affrontare l'inverno 27

Cosa fare all'arrivo della primavera 28

Accorgimenti per superare brillantemente l'estate ...29

Il movimento 31

Artrite e artrosi..32

occhio alla vista...38

Mantenere alto il morale..............................42

Patologie della terza età...........................45

Malattie respiratorie 45

Laminite..46

Morbo di Cushing 49

Patologie oculari 50

Tumori..51

Ischemie e ictus..52

Quando dire basta 55

Conclusioni...59

Introduzione

All'interno dei branchi di cavalli selvaggi del Nord America, soggetti agli attacchi dei predatori e spesso vittime di una selezione naturale per la quale soltanto i soggetti più forti riescono a sopravvivere e a riprodursi, l'aspettativa di vita del cavallo era molto bassa. Ancora soltanto un paio di centinaia di anni fa la durata media di vita di un cavallo non arrivava ai vent'anni. Il lavoro duro al quale questi animali erano sottoposti, e la gestione quotidiana spesso approssimativa ne condizionavano la durata dell'esistenza.

Al giorno d'oggi non è raro incontrare cavalli la cui età si avvicina ai trent'anni. Le moderna gestione della quotidianità dei nostri amici a quattro zampe, con cibo in abbondanza, riparo dalle intemperie e cure veterinarie sempre più evolute hanno notevolmente allungato la durata media della sua vita.

Ecco quindi che, sempre più spesso, al termine della carriera sportiva del nostro cavallo, ci si trova davanti ad un dilemma di non facile soluzione: quale destino scegliere per il nostro compagno di gare?

Se fate parte della categoria di persone che ritengono di essersi presi al momento dell'acquisto la responsabilità per l'intera vita del cavallo, se lo considerate come un membro della vostra famiglia a tutti gli effetti e non pensate di separarvi da lui e desiderate offrirgli una vecchiaia felice questo manuale è per voi.

Ma questo vademecum è stato pensato e scritto anche per chi, alla ricerca del primo cavallo, decide di acquistarne uno già avanti con gli anni, perché meno costoso e solitamente più tranquillo e affidabile.

Con una gestione corretta e alcuni piccoli accorgimenti potrete contribuire a rendere serena la vecchiaia del vostro cavallo, assicurandogli svariati anni di vita in buona salute.

Prevenire è meglio che curare

Esistono due categorie di cavalli anziani, facilmente individuabili al primo sguardo anche da un occhio propriamente non esperto.

L'aspetto fisico, la mobilità e la vitalità di due cavalli della stessa età possono essere infatti molto diversi tra loro. Alcuni hanno un corpo spigoloso e andature claudicanti, altri potrebbero essere scambiati per puledri, se non avessero una leggera brizzolatura sulle tempie e tra i crini.

Purtroppo, come avviene anche per l'Essere Umano, un lavoro eccessivo, condizioni di vita e di alimentazione non adeguate e mancanza di cure provocano usura prematura nel fisico e nello spirito già in giovane età, ma i danni causati diventano più evidenti quando il soggetto invecchia.

Ogni cavallo porta su di sé i segni – fisici e psicologici – dell'esistenza che ha condotto.

E' quindi importante la prevenzione già in giovane età, per non ritrovarsi con un cavallo rotto e usurato in età adulta. L'alimentazione va curata e bilanciata secondo le esigenze specifiche già nel puledro, la doma non deve essere né precoce, né affrettata. Il rispetto dei tempi naturali di crescita del puledro e, successivamente, un lavoro personalizzato, che tenga conto del suo stato fisico sono la miglior garanzia di raggiungere l'età della pensione in un buono stato di salute generale.

Anche una pianificazione attenta degli impegni agonistici (e della loro preparazione) permette, oltre che di allungare la durata della carriera agonistica del soggetto, di prolungare anche la sua vita mantenendone una buona qualità anche in età avanzata.

Una gestione oculata in giovane età è quindi importante per preservare la salute del cavallo e prevenire danni da usura negli anni a venire.

La prevenzione diventa però ancora più importante nella gestione quotidiana del cavallo anziano: le esigenze di un soggetto avanti con gli anni sono infatti diverse rispetto a quelle di un individuo giovane e anche la gestione quotidiana dovrà essere adattata di conseguenza.

Una costante attenzione alle sue condizioni fisiche generali e piccoli trucchi e accorgimenti vi aiuteranno a conservare a lungo in salute il vostro amico a quattro zampe, regalandovi numerosi anni sereni insieme.

Dall'attività sportiva alla pensione

La decisione di ritirare il proprio cavallo dall'attività sportiva può a volte essere sofferta. E' proprio il vostro compagno di avventure però a comunicarvi, attraverso piccoli segnali, quando è il momento di abbandonare le competizioni. Arriverà il momento in cui vi accorgerete che fa fatica a sostenere i ritmi che l'agonismo impone, o piccoli acciacchi gli impediranno di essere competitivo o, più semplicemente, vi renderete conto che il suo spirito di competizione ha lasciato il posto al desiderio di una vita più tranquilla.

Mettere il proprio cavallo in pensione non significa però buttarlo in un prato, dimenticandosi della sua esistenza nella convinzione di avergli regalato la libertà.

Un cavallo che ha vissuto per anni in una scuderia, con ritmi di lavoro e allenamento intensi, circondato da attenzioni e cure quotidiane, mal si adatterebbe alla nuova situazione e rischierebbe di sentirsi abbandonato.

Anche il suo fisico, protetto per anni dal freddo, dalle intemperie e dalle correnti d'aria, avrà bisogno di tempo per adattarsi alla vita all'aria aperta e alla libertà.

Ogni cambiamento di gestione dovrà quindi essere effettuato con gradualità.

<u>Il paddock</u>

Via libera alla libertà, ma in maniera controllata. Se il vostro cavallo non è abituato al paddock ed è stato recentemente tosato, mettetelo al prato soltanto nelle ore più tiepide, eventualmente con una coperta leggera e riportatelo nel suo box non appena darà segni di voler rientrare. I cavalli sono

Esseri abitudinari e se non abituati a stare in paddock si annoiano e richiedono di rientrare nell'ambiente conosciuto e sicuro della scuderia. Mi è capitato di impiegare due anni per riuscire a far abituare una cavalla, precedentemente gestita soltanto in box, a rimanere all'aperto l'intera giornata. All'inizio, dopo soltanto mezz'ora di permanenza nel recinto, dava in escandescenze, ma pian piano si è abituata alla nuova situazione.

In ogni caso, soprattutto se l'erba è presente nel paddock, dovrete abituarlo gradualmente alla nuova alimentazione in quanto la flora intestinale ha bisogno di tempo per adattarsi alla digestione di alimenti nuovi: un paio d'ore al massimo durante i primi giorni per poi aumentare gradualmente la sua permanenza all'esterno.

E' impensabile di lasciare un cavallo che è stato scuderizzato per anni di punto in bianco per 24 ore al giorno all'aperto: né il suo fisico, né la sua psiche sono pronti per la libertà totale. Va quindi previsto un periodo di transizione durante il quale il cavallo sarà in box quando le condizioni meteorologiche sono avverse (pioggia, freddo intenso o caldo eccessivo con forte presenza di insetti) e potrà soggiornare all'aperto quando il tempo è clemente e le temperature miti.

Lo stesso discorso vale per l'inserimento in un branco: i cavalli sportivi molto spesso, per paura di incidenti, non possono godere della compagnia dei propri simili e hanno bisogno di tempo per imparare nuovamente a relazionarsi all'interno di un branco. Un recinto singolo, dal quale possono osservare altri cavalli e abituarsi alla loro presenza è un'ottima soluzione transitoria; osservate con attenzione il loro modo di relazionarsi con i vicini di paddock e, quando il vostro cavallo mostrerà curiosità e desiderio di relazionarsi con loro capirete senza ombra di dubbio che è il momento di dargli compagnia. Cominciate eventualmente con l'affiancargli un solo esemplare per il quale dimostra simpatia, per poi aumentare gradualmente il numero di compagni di gioco.

<u>I ferri</u>

Tradizione vuole che un cavallo ritirato dall'attività sportiva venga immediatamente sferrato. E' indubbio che un piede scalzo riesca a svolgere più efficientemente l'attività di "pompa" e convogli una maggior quantità di sangue all'interno dello zoccolo; non sempre però è possibile togliere definitivamente i ferri ad un cavallo che ne ha usufruito per tutta la vita. Patologie come la laminite e la navicolite, o infortuni pregressi (tendiniti) richiedono ferrature speciali che scaricano il peso dalla parte indebolita e danno sollievo dal dolore assicurando una buona qualità di vita ai soggetti che non svolgono più alcuna attività.

La ferratura andrebbe mantenuta anche nel caso che il vostro vecchietto continuasse a svolgere una leggera attività, soprattutto se la stessa si svolge su terreni di campagna duri o sui quali sono presenti sassi.

Se le condizione fisiche del vostro cavallo lo permettono, e il terreno sul quale passerà le sue giornate è morbido, è comunque consigliabile tenerlo scalzo: la circolazione del sangue nel piede sarà agevolata e, dopo un periodo di adattamento che va dai sei mesi a un anno, la struttura cornea del piede indebolita da anni di ferrature si rinforzerà.

Il pareggio effettuato con regolarità da parte di un professionista garantirà la correttezza degli appiombi e preverrà (o terrà sotto controllo) piccoli problemi di artrosi frequentemente presenti nei cavalli anziani.

<u>Il lavoro e il contatto</u>

Essere in pensione non deve per forza essere sinonimo di inattività totale, anzi.

Pensate a come vi sentireste se, esclusi dal mondo del lavoro dall'oggi al domani, vi ritrovaste senza contatti con altre persone e senza aver nulla da fare. Non vi sentireste inutili e senza uno scopo per cui alzarvi dal letto la mattina?

Esattamente come per l'Essere umano, il pensionamento dovrebbe essere per il cavallo un'occasione per socializzare e per svolgere quelle attività che procurano piacere senza affaticare troppo il fisico. Se il vostro cavallo non è affetto da zoppie o patologie che ne impediscono l'uso, un leggero lavoro in piano e tranquille passeggiate nel verde in compagnia dei suoi simili saranno un toccasana per il suo corpo e la sua psiche. La moderata attività fisica manterrà il suo fisico tonico, cuore e polmoni allenati e sarà una panacea per il morale e l'autostima del vostro cavallo, che continuerà a sentirsi utile e considerato.

L'attività fisica dovrà essere leggera ma regolare. Sarebbe un errore lasciare a riposo il vostro cavallo per mesi e pensare poi di farci una passeggiata di due ore: andrete incontro a rigidità e contratture in muscoli non sufficientemente allenati. Sarebbe più utile prevedere un lavoro vario della durata di mezz'ora o tre quarti d'ora ogni due o tre giorni, riservando lunghi tempi di riscaldamento e defaticamento al passo all'inizio e alla fine del lavoro. La parola d'ordine dovrà essere DIVERTIMENTO; le attività che farete insieme al vostro cavallo in sella o da terra dovranno essere piacevoli e stimolanti senza affaticarlo né fisicamente né mentalmente.

La regolarità nel movimento vi permetterà anche di essere presenti con assiduità nella quotidianità del vostro "pensionato" con operazioni di pulizia che, oltre che permettervi di valutare periodicamente il suo stato generale di salute e di scoprire tempestivamente l'insorgere di problemi.

In una fase di transizione dall'attività sportiva al riposo al paddock è importante che il vostro cavallo non si senta abbandonato, in quanto il suo morale ne risentirebbe.

Mettetevi per un attimo nei suoi panni: per anni è stato gestito all'interno di una scuderia, lavorato quotidianamente, ha viaggiato in lungo e in largo da una piazza di concorso all'altra, è stato coccolato, pulito, toelettato e profumato. Se all'improvviso tutto ciò al quale era abituato finisce il cambiamento sarà difficile per lui da affrontare e metabolizzare.

Le quotidiane cure che gli riserverete e il tempo che gli dedicherete saranno rassicuranti per questo essere abitudinario e rappresenteranno una costante in un periodo di grandi cambiamenti nella sua quotidianità.

Vecchio è bello!

Esattamente come avviene per le persone anziane, i cavalli a fine carriera vengono troppo spesso ed erroneamente considerati inutili e vissuti come un peso di cui farsi carico, peggio ancora, di cui liberarsi.

E' vero il contrario.

I soggetti "maturi", proprio per le molteplici esperienze acquisite nel corso della loro esistenza, sono tranquilli, pazienti, e nulla riesce a scomporli. Hanno acquisito la tranquillità e la saggezza tipiche di chi conosce il mondo e sanno esattamente come comportarsi in ogni situazione.

Se in buona salute, sono ottimi maestri per chi si avvicina al mondo dell'equitazione e ottimi compagni di avventure del cavaliere del "tempo libero"; affidabili quando sono montati e onesti e seri nella gestione da terra. Un cavallo anziano farà capire con modi gentili al neofita quando sta commettendo un errore ma il suo equilibrio psichico non verrà alterato. Le sue andature lente permetteranno ai cavalieri "in erba" di trovare velocemente equilibrio in sella e di acquisire esperienza grazie ad un alleato che ne sa più di loro.

Quasi sempre i cavalli utilizzati per l'ippoterapia sono soggetti anziani, tranquilli ed equilibrati che, oltre che essere sicuri trasmettono fiducia e serenità alle persone più sfortunate. Riescono ad assolvere al compito richiesto, basato principalmente sul contatto, anche se non perfettamente integri fisicamente.

Il cavallo anziano, anche se non più adatto ad essere cavalcato, può ancora dare molto, soprattutto nell'educazione dei puledri e dei soggetti giovani. Inserito nel branco più piccoli, o affiancato a soggetti appena svezzati, il cavallo di una certa età, poco paziente nei confronti delle intemperanze e non più incline al gioco, insegnerà ai puledri il rispetto delle gerarchie. Allo stesso modo potrà essere un valido esempio per i cavalli giovani, che affronteranno le nuove esperienze con più serenità se affiancati ad un soggetto tranquillo e abituato a confrontarsi con situazioni per loro nuove.

Ritengo di poter quindi dire tranquillamente che, se effettuato con i dovuti accorgimenti e con il rispetto per le sue condizioni fisiche, il lavoro richiesto ad un cavallo anziano non è da considerare come sfruttamento. Anzi, dal punto di vista psicologico è utile al cavallo anziano, che molto ha da dare, ma che allo stesso modo può ancora tanto ricevere.

A tal proposito, vorrei raccontare un'esperienza vissuta diversi anni fa, che ancora oggi mi intenerisce e commuove.

Morello, un ex saltatore di quasi trent'anni, spigoloso, magrolino e con qualche acciacco, dopo essere stato utilizzato per alcuni anni come cavallo della scuola era stato messo al paddock ma, una volta alla settimana, prestava i suoi servizi ad un gruppo di ragazzini disabili, che lo pulivano, lo portavano a passeggio per i vialetti della scuderia e, saltuariamente, lo cavalcavano al passo. L'estate era torrida e Morello, di punto in bianco, ha avuto un crollo fisico. Messo in box, per più di un giorno, ha rifiutato il cibo, coricandosi soventemente a terra, senza che ci fosse una causa precisa al suo comportamento. L'occhio era spento, le orecchie basse, l'atteggiamento apatico. Abbiamo avuto paura che fosse ormai giunta la sua ora, che avesse deciso di dire "Basta".

Proprio quel pomeriggio il gruppo di ragazzini disabili aveva prenotato la seduta di ippoterapia collettiva e l'educatrice che li seguiva nella loro interazione con il cavallo, aveva deciso di farli venire anche se il cavallo non era in condizioni di essere montato. Aveva comunicato loro che Morello non stava molto bene, e che avrebbero dovuto prendersi cura di lui.

I ragazzi lo hanno circondato, pulito e riempito di carezze ed attenzioni per più di un'ora. L'energia e l'amore che circondava quel vecchio, malandato cavallo era tangibile e Morello la ha percepita. Il cavallo che era uscito a testa bassa dal suo box con il passare dei minuti ha ripreso vigore e vitalità, la testa si è rialzata, le orecchie hanno ricominciato a puntare dritto in avanti, sinonimo di presenza e attenzione. Quando è stato ricondotto nel box, sembrava un altro cavallo e, miracolosamente, ha ricominciato immediatamente a cercare il cibo.

Sono convinta che, quel giorno, quel gruppo di rumorosi e allegri ragazzini abbia salvato la vita a Morello, che ha percepito il loro amore e deciso di voler continuare a vivere.

L'insegnamento da trarre da questo aneddoto è quindi il seguente: il cavallo anziano ha tanto da dare, ma mentre dà, riceve in cambio energia e attenzioni che lo appagano e che, a livello psicologico, aumentano la sua voglia di vivere.

Un cavallo anziano, che ha passato tutta la sua vita a contatto con l'uomo, ha bisogno di sentirsi ancora utile e un'attività leggera, che tenga conto delle sue condizioni fisiche, è preferibile all'oblio.

Utilizziamo quindi i nostri amici anche in età avanzata, se mostrano di avere il desiderio di lavorare ancora. prestando attenzione costante alle loro condizioni fisiche. Saranno loro stessi a farci capire quando sarà giunto il momento di "appendere la sella al chiodo".

La gestione del cavallo anziano

La gestione della quotidianità di un cavallo in avanti con gli anni richiede qualche attenzione in più rispetto a quella di un soggetto giovane. Le chiavi per assicurare al vostro compagno lunghi anni di vita di buona qualità sono l'osservazione e la prevenzione.

Una gestione corretta, e adattata alla sua età, lo aiuteranno a mantenersi in buona salute e un occhio attento a qualunque cambiamento fisico vi permetterà prevenire o risolvere tempestivamente alcune delle problematiche più frequenti nei cavalli anziani.

Denti, alimentazione e integratori

Molti cavalli anziani si riconoscono al primo sguardo perché sono magri, spigolosi, con le costole ben visibili. Il calo del peso è abbastanza frequente in età avanzata ed è da imputare ad una minor capacità di assimilazione degli alimenti.

Possiamo intervenire su più fronti per contrastare in maniera efficace questa difficoltà del nostro cavallo a "mettere su peso".

Un controllo annuale dello stato dei denti, e un eventuale intervento di limatura delle punte, è il primo aiuto che possiamo fornire al nostro vecchietto per aiutarlo ad alimentarsi correttamente. La crescita di punte, con conseguente difficoltà di masticazione è soggettiva e varia da soggetto a soggetto. Uno dei miei cavalli, che è stato al mio fianco per vent'anni, ha visto il dentista soltanto tre volte; altri necessitano di piccoli interventi ogni 12-18 mesi. Alcuni cavalli possono arrivare addirittura a cessare di alimentarsi a causa del dolore che provano durante la masticazione. Una corretta conformazione della bocca, ma anche la qualità della dentatura influiscono notevolmente sulla formazione di punte. Una delle mie fattrici, già all'età di nove anni, ha iniziato a perdere alcuni molari e l'intero apparato dentale risulta fragile e soggetto a rotture. Dal momento che anche le sue ossa sono fragili (ha subito diverse piccole fratture e problemi ossei vari) non posso che dedurne che questa fragilità sia la conseguenza di carenze alimentari da giovane, durante la crescita, e la formazione dello scheletro e delle ossa.

Tuttavia, nonostante le cure, spesso la dentatura dei cavalli anziani è soggetta a danni irreversibili dovuti a età e usura e a volte non è più in grado di assolvere adeguatamente al suo compito di pre-digestione degli alimenti.

Indicato, e consigliato, è in questi casi l'utilizzo di fieno in pellet, che potrà integrare, o addirittura sostituire la normale razione di fieno giornaliera. Nei casi più gravi di difficoltà di masticazione il pellet potrà essere immerso nell'acqua qualche ora prima della somministrazione; si formerà una pappa morbida e di facile digestione che fornirà nel contempo al cavallo anche una buona quantità di liquidi.

Esistono inoltre in commercio ottimi fioccati appositamente formulati per fornire il giusto apporto di nutrienti al cavallo anziano: sono facilmente digeribili e bilanciati nei componenti in modo da fornire la giusta energia senza sovraccaricare apparato digerente, fegato e reni.

L'utilizzo di integratori specifici è fortemente consigliato, soprattutto in alcuni periodi dell'anno (inverno, cambio di stagione) per fornire al vostro cavallo un aiuto in più durante i periodi in cui è richiesto da parte del corpo un maggior dispendio energetico.

La colica, temuta da ogni proprietario, rimane anche in età avanzata la principale causa di decesso del cavallo.

Nei soggetti di una certa età tutte le funzioni vitali rallentano e anche l'intestino diventa meno efficiente. Contestualmente il cavallo anziano tende a non assumere abbastanza liquidi, necessari ad un buon transit intestinale. Il controllo quotidiano delle fiande vi fornirà in tempo reale indicazioni importanti e vi permetterà di mettere in atto misure preventive volte a scongiurare il rischio di colica. Valutate attentamente numero, quantità, colore e consistenza delle fiande del vostro cavallo. Se sono scarse, piccole e dure si è in presenza di un concreto rischio di colica da ostruzione, che però può tranquillamente essere scongiurata fornendo immediatamente al vostro cavallo una quantità maggiore di liquidi e/o somministrando un pastone. Via libera dunque ad una dose extra di alimenti freschi e ricchi di acqua (erba, mele e carote).

Il pastone, oltre che fornire i liquidi necessari, grazie alla presenza dei semi di lino che una volta cotti diventano viscosi, svolge un'azione lassativa e aiuta ad ammorbidire le feci favorendo la loro evacuazione. In commercio ne esistono alcuni precotti, ai quali è sufficiente aggiungere del liquido caldo, lasciandoli a riposo per una mezz'ora. In alternativa un ottimo pastone può essere preparato in casa facendo bollire per un paio d'ore semi di lino, orzo (e/o avena) ai quali verranno aggiunti a fine cottura crusca e una manciata di sale.

In alternativa un bicchiere scarso di olio di vaselina mischiato al fioccato lubrificherà l'intestino favorendo l'espulsione delle feci prima che la situazione diventi più grave e il cavallo manifesti i sintomi di una colica.

Il pastone è anche un ottimo ricostituente dopo interventi chirurgici o in caso di forte debilitazione in quanto fornisce grande energia ed è facilmente assimilabile, calma l'intestino irritato e garantisce l'assunzione dei liquidi. E' inoltre un ottimo pasto caldo, particolarmente gradito, da somministrare periodicamente nelle fredde sere d'inverno.

Alimenti freschi non dovrebbero mai mancare nella dieta del cavallo anziano; l'ideale è il pascolo, nel quale il vostro vecchietto potrà scegliere le erbe che preferisce. In mancanza di questo, provvedete a fargli avere quotidianamente una razione di carote e un paio di mele (non di più in quanto sono ricche di zuccheri). Un chilo al giorno sarà più che sufficiente. L'importante è che la verdura sia somministrata quotidianamente, anche se in piccole quantità; le vitamine in essa contenute non possono infatti essere immagazzinate dall'organismo e le quantità in eccesso vengono espulse. Meglio mettere a disposizione quindi una piccola quantità di nutrienti quotidianamente invece che una grossa quantità di tanto in tanto.

Riguardo alle ore di permanenza al pascolo, un'avvertenza è dovuta: molti cavalli anziani sviluppano difficoltà metaboliche e l'erba presente nel pascolo, soprattutto in primavera, ma anche in autunno, è ricca di zuccheri che, se ingeriti in grosse quantità, potrebbero causare al vostro cavallo una crisi acuta di laminite. Limitate, soprattutto se l'erba è abbondantemente presente, le ore di permanenza del vostro cavallo nel pascolo durante questi periodi.

<u>L'importanza di una corretta idratazione</u>

Come già accennato in precedenza, nei cavalli anziani, così come nell'Uomo, lo stimolo della sete diminuisce. Un corretto apporto di liquidi è fondamentale per mantenere una buona idratazione, un corretto funzionamento dei reni e un efficace movimento intestinale.

Un regolare controllo delle fiande, che devono essere morbide, della cute e delle urine del vostro cavallo vi daranno importanti informazioni al riguardo. Se vi trovate in presenza di urine scure, dense e scarse e se pizzicando la base del collo la pelle rimane sollevata per alcuni secondi siete in presenza di una lieve disidratazione.

Provate per qualche giorno a farlo bere da un secchio invece che dall'abbeveratoio automatico; questa operazione vi permetterà di conoscere con esattezza la quantità di liquidi assunti dal vostro cavallo nell'arco delle 24 ore. In inverno un cavallo dovrebbe bere tra i 20 e i 40 litri al giorno.

Tenendo presente che una alimentazione ricca di erba provvede in parte al fabbisogno di liquidi, se il consumo di acqua da parte del vostro cavallo è di molto inferiore alle cifre precedentemente indicate sarà il caso di mettere in atto alcuni stratagemmi per incrementarne l'assunzione.

Potete invogliare il vostro cavallo a bere di più aromatizzando l'acqua nel secchio o, in alternativa, cospargendo con una manciata di sale da cucina il fioccato.

In alternativa, se proprio il vostro vecchietto non ne vuole sapere di introdurre la giusta quantità di acqua, utilizzate il fieno in pellet precedentemente messo a mollo. La quantità giornaliera indicata prevede l'utilizzo di circa 15 litri di acqua che, aggiunta ai liquidi contenuti nell'erba, vi permetterà di raggiungere la quantità ottimale di liquidi necessaria ad un buon funzionamento dell'organismo del vostro cavallo.

<u>vaccini e vermifughi</u>

Alcuni proprietari credono erroneamente che, avendo vaccinato il loro cavallo per molti anni, questo abbia sviluppato delle difese immunitarie efficaci. E' vero il contrario! Con l'avanzare dell'età le difese immunitarie naturali diminuiscono ed è estremamente importante proteggere il cavallo anziano da alcune patologie potenzialmente letali attraverso vaccinazioni regolari.

Oltre al classico vaccino annuale di influenza e tetano, vi consiglio di valutare insieme al vostro veterinario l'opportunità di vaccinare il vostro cavallo contro la malattia del Nilo Occidentale (West Nile). E' una patologia nuova, della quale non si è ancora scoperto tutto, ma si sa che viene trasmessa al cavallo (e all'Uomo) attraverso la puntura di una zanzara infetta (portatori del virus sono gli uccelli migratori). Nella più parte dei casi la malattia è asintomatica, ma può succedere, soprattutto in soggetti anziani e debilitati, che la malattia si manifesti attraverso sintomi neurologici anche importanti. Non esiste cura, se non di supporto con comuni antiinfiammatori e l'esito è potenzialmente letale. Il vaccino ha un costo elevato (circa 160 Euro il primo anno) e non tutti i proprietari decidono di vaccinare i propri cavalli, soprattutto se il loro valore commerciale è irrisorio. Se il vostro cavallo vive in un ambiente densamente popolato dalle zanzare e se un grande affetto vi lega a lui, il mio consiglio è però quello di vaccinarlo. In caso di contagio sintomatico della malattia le spese che sosterrete per curare il vostro amico saranno di molto superiori al vaccino, senza alcuna garanzia di salvargli la vita. Come sempre... prevenire è meglio che curare!

Lo stesso discorso vale per le sverminazioni: vanno effettuate con regolarità almeno due volte l'anno, per non sottoporre il fisico del cavallo anziano, a continuo rischio di debilitazione, ad ulteriori stress. Il principio attivo del vermifugo va alternato di volta in volta, per non creare resistenze al trattamento nelle colonie di parassiti presenti nell'intestino.

<u>come affrontare l'inverno</u>

Normalmente i cavalli tollerano meglio il freddo rispetto al caldo. In età avanzata però, quando tutte le risorse fisiche dovrebbero essere economizzate per garantire una migliore qualità di vita, l'inverno rappresenta un periodo difficile.

Molte delle preziose energie introdotte con l'alimentazione vengono "sprecate" per mantenere la temperatura corporea costante e alcuni cavalli, soprattutto se sottopeso, patiscono la stagione fredda.

La natura cerca di compensare la difficoltà progressiva data dall'età di mantenere il calore corporeo attraverso lo sviluppo di folto pelo che rende i cavalli anziani molto simili a orsi pelosi. Io stessa ho notato che, con il passare degli anni il pelo invernale nei cavalli anziani aumenta in maniera graduale ma esponenziale.

Vi propongo di facilitare il compito di mantenere il calore corporeo del vostro anziano amico a quattro zampe dotandolo di una coperta pesante, o più coperte leggere, da sovrapporre o togliere a seconda della temperatura. Se il vostro cavallo passa diverse ore all'aperto potrebbe essere utile acquistarne una impermeabile. Il riparo in box è raccomandato durante le ore notturne e nei giorni di pioggia intensa; se il vostro cavallo vive libero all'aperto dovrete fornirgli almeno un riparo dal freddo, chiuso su tre lati, con un fondo asciutto, nel quale potrà rifugiarsi, se ne sente l'esigenza.

L'alimentazione dovrebbe essere adattata alle esigenze caloriche aumentate a causa del freddo e alla mancanza di alimenti freschi. Integrate la dieta con verdura ricca di vitamine e minerali e, se possibile, preparate un pastone almeno una volta a settimana. Mezzo bicchiere di olio di mais quotidianamente aggiunto alla pietanza fornirà inoltre grassi ed energia utili all'aumentato fabbisogno calorico nel periodo invernale.

<u>Cosa fare all'arrivo della primavera</u>

In primavera tutta la natura rifiorisce, e i cavalli anziani non fanno eccezione. Per molti di loro la stagione mite è il miglior periodo dell'anno e mostrano chiaramente di gradire il tiepido sole. I soggetti che faticano a superare il periodo invernale riacquistano peso e l'erba tenera, che va messa a disposizione con gradualità, migliora l'idratazione e l'aspetto di cute e pelo.

A proposito del pelo...

Molti soggetti in età avanzata, nonostante abbiano usufruito della protezione di pesanti coperte, arrivano alla fine dell'inverno riparati da una folta coltre di pelo lunga anche più di dieci centimetri. A causa dell'età avanzata la muta è rallentata e la traspirazione parzialmente impedita. Con l'arrivo delle prime giornate calde il loro corpo si surriscalda e vanno facilmente incontro a colpi di calore.

Una buona soluzione consiste nel tosare il cavallo quando le temperature raggiungono i 15 gradi. Questa operazione, liberandolo dal pelo, scongiurerà colpi di calore, permetterà alla pelle di respirare e permetterà al cavallo di economizzare le energie altrimenti necessarie al cambio del pelo. Naturalmente dovrete provvedere a ripararlo durante la notte, quando l'escursione termica è importante, con una coperta leggera fino a quando il pelo sarà ricresciuto.

<u>Accorgimenti per superare brillantemente l'estate</u>

In estate, quando il sole è cocente e le temperature elevate valutate l'opportunità di tenere il vostro cavallo in box, dove starà più fresco, privilegiando le prime ore del mattino per l'uscita al pascolo. Probabilmente sarà proprio il vostro vecchietto a dirvi che desidera rientrare ad una certa ora, quando mosche e tafani lo infastidiranno. Se il vostro amico a quattro zampe vive stabilmente all'aperto, è importante che possa ripararsi dal sole sotto una tettoia o all'ombra di grandi alberi. Vegliate che abbia sempre acqua fresca a disposizione.

Durante la stagione calda mosche, moscerini e zanzare rappresentano un fastidio non indifferente per molti soggetti: i comuni repellenti poco possono contro questi fastidiosi insetti ma esistono in commercio ottimi prodotti da applicare direttamente sulla cute con una pipetta, dotati di un principio attivo che penetra sotto la pelle e protegge, a patto di non lavare il cavallo durante questo periodo, per una quindicina di giorni.

Come già accennato precedentemente il virus del Nilo Occidentale rappresenta un pericolo per il cavallo anziano e la possibilità di contagio aumenta esponenzialmente nel periodo estivo, durante il quale diverse specie di uccelli migratori stazionano nei pressi delle scuderie e durante il quale le zanzare sono particolarmente attive. Se non ritenete opportuno vaccinare il vostro cavallo contro la West Nile, potete tuttavia mettere in atto misure preventive nei confronti della malattia:

- Eliminate tutti i nidi di rondine e altri uccelli migratori presenti in scuderia. Sono questi piccoli uccelli i portatori del virus e, per quanto carini e teneri, rappresentano un pericolo concreto per il cavallo anziano.

- Evitate di lasciare il cavallo all'aperto nelle ore che vanno dal tramonto all'alba, quando le zanzare sono più attive.

- Mettete in atto tutte le misure possibili volte a diminuire la presenza di zanzare in scuderia e nel box del vostro cavallo. Trattate periodicamente la zona intorno al box con prodotti repellenti,fate quotidiano utilizzo di zampironi, posizionate una zanzariera davanti alla finestra del box.

- Curate con particolare attenzione la letamaia, che dovrebbe essere posizionata il più possibile lontano dalla scuderia e trattatela eventualmente con prodotti specifici.

- Eliminate tutte le fonti di umidità presenti nell'ambiente dove il vostro cavallo soggiorna durante le ore notturne e che potrebbero attirare colonie di questo fastidioso insetto. Stagni, pozze d'acqua e acqua stagnante sono l'ambiente ideale per la prolificazione delle zanzare

- Somministrate quotidianamente durante tutto il periodo estivo al vostro cavallo una piccola quantità di aglio insieme al fioccato. La sua assunzione regolare infatti modifica l'odore della pelle e il gusto del sangue, e rendono il nostro amico meno invitante per le zanzare, ma anche per tutti gli altri insetti diurni, che con le loro punture causano nel cavallo prurito e ponfi. L'aglio per cavalli è reperibile in scaglie essiccate nelle sellerie più fornite o presso le aziende che producono integratori per cavalli. In alternativa potrete utilizzare l'aglio liofilizzato ad uso alimentare, reperibile con facilità in ogni supermercato. Non esagerate con le quantità; un'assunzione eccessiva di questo alimento da parte del vostro cavallo potrebbe sovraccaricare il suo fegato.

Anche l'alimentazione durante il periodo caldo dovrebbe essere adattata al maggior fabbisogno di liquidi. Privilegiate alimenti freschi, ricchi di acqua e di preziose vitamine e integrateli eventualmente con sali minerali ed elettroliti, essenziali al buon funzionamento del cuore e a rischio di carenze se il vostro cavallo suda eccessivamente e beve poco.

<u>Il movimento</u>

Il movimento regolare, adattato alle condizioni fisiche del vostro cavallo, è importante per mantenere il vostro amico in buona salute. Che si tratti di un leggero lavoro in piano, brevi passeggiate al passo o condotti alla longhina, ma anche della semplice uscita quotidiana al pascolo, è importante che il cavallo anziano continui a muoversi con regolarità. La permanenza prolungata in un box è assimilabile al riposo a letto dell'Essere Umano ed è deleteria per il fisico del cavallo anziano. Un'attività fisica leggera e regolare, adattata alle sue condizioni di salute, mantiene il tono muscolare, limita la progressione dell'artrosi, stimola cuore e polmoni e l'intero fisico del vostro cavallo, oltre che la sua psiche, ne trarrà beneficio. Ovviamente l'attività fisica non dovrà mai diventare fonte di stress, né a livello fisico né a livello mentale in quanto il su scopo è unicamente quello di mantenere attive tutte le funzioni vitali e prevenire così disturbi e patologie legate all'avanzare dell'età.

Come sempre, sarà il vostro cavallo a comunicarvi quanto è disposto a fare e una grande attenzione alle sue reazioni vi metterà al riparo da errori nella gestione della sua attività fisica. Qualsiasi sia il livello di attività che farete insieme al vostro vecchietto, è fondamentale che la sua pratica sia regolare. E' assolutamente controproducente un uso saltuario alternato a periodi prolungati di inattività totale in quanto sovraccaricherebbe tutte le strutture coinvolte.

Prestate attenzione, se utilizzate ancora il vostro compagno sotto la sella, ai tempi di riscaldamento e defaticamento prima e dopo il lavoro. Essi dovranno essere più lunghi rispetto a quelli di un cavallo giovane in quanto il corpo di un cavallo anziano ha bisogno di qualche minuto in più per rimettersi in movimento, riscaldare la muscolatura, attivare cuore e polmoni ed eliminare piccole rigidità dovute all'artrosi. Dopo 10 o 15 minuti di riscaldamento sentirete comunque il corpo del vostro amico sciogliersi sotto di voi e i movimenti diventeranno più fluidi ed ampi. Questo è il segnale che "il motore" si è rimesso in moto e che l'intera "macchina" è pronta per lavorare a regime più elevato.

<u>Artrite e artrosi</u>

L'artrosi è, in misura più o meno evidente, sempre presente nel cavallo anziano. I soggetti che durante la loro vita hanno svolto un lavoro più intenso ne sono ovviamente più colpiti, ma nemmeno i cavalli che hanno vissuto un'esistenza tranquilla e priva di stress fisici ne sono immuni. Si tratta di una "malattia" degenerativa, legata all'età, ma anche alla predisposizione genetica, oltre che all'usura delle articolazioni.

Provoca rigidità e a volte difficoltà nel movimento e e presenta periodi in cui i sintomi si acutizzano, alternati a momenti in cui il cavallo sta meglio. Il freddo, l'umidità e lunghe permanenze in box peggiorano la situazione; per questo motivo un cavallo che ne è colpito dovrebbe avere la possibilità di muoversi a piacimento al pascolo per alcune ore al giorno.

Non è un problema che si può eliminare, ma esistono alcuni accorgimenti e rimedi che, se messi in atto, rallentano il processo degenerativo delle cartilagini e danno sollievo al cavallo nel momento in cui i sintomi sono più evidenti.

Oltre ai classici integratori alimentari formulati per apportare nutrimenti essenziali a ossa e cartilagini, esistono in commercio alcuni prodotti alternativi e naturali privi degli effetti collaterali tipici dei farmaci che potrete somministrare in tutta tranquillità per lunghi periodi al vostro cavallo. Si tratta di globuli omeopatici appositamente formulati composti da sostanze ricche di calcio e a potere antidolorifico e antiinfiammatorio, da somministrare una o più volte al giorno per un periodo variabile a seconda delle esigenze, ma mai inferiore alle sei settimane. Questi globuli li ho utilizzati personalmente con una mia cavalla sportiva che, seppur in giovane età, manifestava già i segni di prematura usura delle articolazioni, con conseguente fastidio e calo nel rendimento. All'epoca il veterinario aveva consigliato un infiltrazione, avvisandomi che, pur alleviando i sintomi, avrebbe contribuito, per la presenza di cortisone, al processo degenerativo dell'articolazione. Gli effetti erano cessati già dopo sei settimane e la cavalla era nuovamente rigida, contratta e non del tutto regolare se lavorata quotidianamente. Ho iniziato la somministrazione dei globuli omeopatici e dopo dieci giorni ho riscontrato un notevole miglioramento nelle sue andature, al punto da dover ammettere di non averla mai vista (e stava con me da due anni) così vitale, sciolta ed elastica nei movimenti. La somministrazione quotidiana e continuata dei globuli omeopatici le ha permesso di competere al meglio delle sue potenzialità ed in piena forma fisica per altri due anni.

Da allora un flaconcino di questi globuli omeopatici, contenenti calcio, artiglio del diavolo e una sostanza naturale che stimola la produzione di liquido sinoviale nelle articolazioni, è sempre presente nell'armadietto dei farmaci dei miei cavalli; lo utilizzo periodicamente sui cavalli più anziani e nei momenti in cui i sintomi diventano più evidenti con la manifestazione di scricchiolii a livello dei nodelli, rigidità e dolore.

Esistono però altri metodi e sistemi facilmente reperibili e alla portata di ogni portafoglio per dare sollievo al cavallo affetto da artrosi e per rallentare la sua progressione.

- La mobilizzazione manuale delle articolazioni effettuata con regolarità permette di mantenere attive le parti poco utilizzate dal cavallo, soprattutto se si trova a riposo completo al pascolo. Si tratta di semplici movimenti di "ginnastica passiva" che imporremo alle articolazioni dei nodelli per migliorarne la mobilità e l'elasticità prevenendo nel contempo la formazione di calcificazioni che impedirebbero il movimento. Prendete il piede del vostro cavallo vegliando a che il ginocchio sia posizionato con un angolo di 90 gradi, posizionate una mano sul cannone e con l'altra prendete lo zoccolo e con movimenti alternati muovete lo zoccolo verso l'alto e verso il basso. Questa manovra coinvolge la parte bassa dell'arto, il tendine estensore digitale, il carpi radialis e il legamento sospensore e influenza positivamente tutte le strutture legamentose della parte inferiore della gamba. Questa manovra può essere effettuata anche negli arti posteriori e, una volta che le strutture coinvolte saranno già state influenzate positivamente dallo stretching, i movimenti dall'alto verso il basso potranno essere integrati con delicati movimenti circolari dello zoccolo, che aiutano a prevenire l'artrosi del nodello e migliorano la mobilità delle articolazioni.

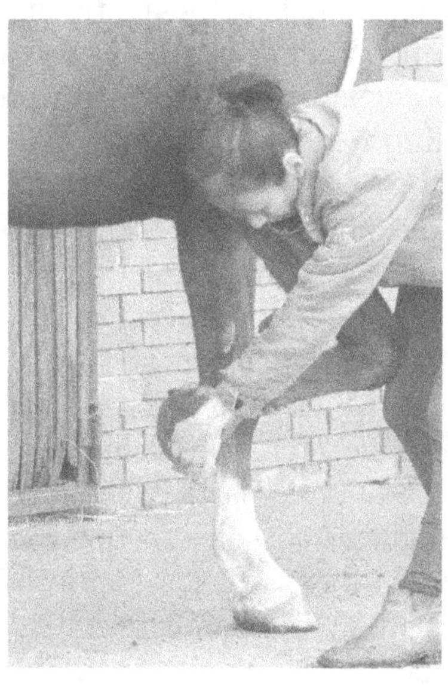
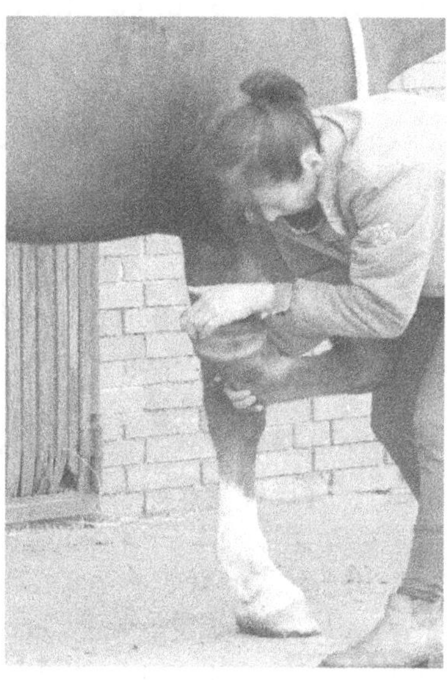

Esistono molte altre manovre e manipolazioni che potrete effettuare per trattare le strutture scheletriche, articolari, muscolari e legamentose del vostro cavallo e aiutarlo a mantenersi in salute anche in età avanzata, ma l'argomento è vasto e complesso e non può essere trattato in maniera esaustiva in questa sede. Se desiderate approfondirlo, vi rimando al mio libro "Manuale teorico-pratico di stretching per il cavallo". Al suo interno troverete tutte le informazioni necessarie a trattare il vostro amico a quattro zampe in maniera efficace e sicura. In questa sede, anche se l'argomento è vasto e non strettamente correlato con artriti e artrosi, desidero aprire una breve parentesi sui trattamenti osteopatici. Sarebbe buona norma far seguire il proprio cavallo già (e soprattutto) mentre svolge attività sportiva da un buon osteopata, che risolverà problemi di natura muscolo-scheletrica prevenendo danni cronici e permanenti al fisico del vostro cavallo. Un trattamento andrebbe eseguito anche sul cavallo anziano in quanto alcune rigidità o zoppie sono dovute a scompensi fisici risolvibili con una relativa facilità. L'esempio più eclatante l'ho avuto con un cavallo di 22 anni arrivato nella mia scuderia in uno stato fisico compromesso. Magro, e con problemi dentali, camminava male e, ad un esame più attento ci siamo resi conto che gli anteriori non erano perpendicolari al terreno ma, visti frontalmente erano più stretti in alto per andare verso l'esterno man mano che si avvicinavano al terreno. Naturalmente anche gli zoccoli avevano subito una deformazione e crescevano più velocemente dalla parte esterna mentre il cavallo caricava tutto il peso all'interno. E' stato sufficiente un solo trattamento osteopatico, che il cavallo ha mostrato di gradire enormemente, per "aprirgli" le spalle, che erano la causa del problema. Gradualmente gli anteriori sono tornati nella loro posizione naturale, l'andatura è diventata più sciolta e gli zoccoli, grazie anche ad un pareggio correttivo, hanno assunto nuovamente la loro forma originale. L'anziano cavallo ne ha tratto enorme beneficio, con un incremento della mobilità e della vitalità. Torniamo ora ad occuparci dei metodi di trattamento dei sintomi di artriti e artrosi:

- L'idroterapia può essere utile nel momento in cui, periodicamente, l'artrosi cronica si riacutizza provocando dolore e infiammazione. Impacchi di ghiaccio inibiranno le terminazioni nervose coinvolte dando al cavallo sollievo dal dolore e ridurranno l'infiammazione. In questo caso sarebbe opportuno utilizzare metodi di applicazione indiretti, che non apportino umidità alla parte trattata. L'umidità può infatti peggiorare la sintomatologia. Sono quindi da evitare le docce fredde, preferendo invece la borsa del ghiaccio o un bendaggio con ghiaccio in gel che avrete preventivamente posto in congelatore. Se, viceversa, l'artrosi presente nel cavallo anziano si trova in una fase non infiammatoria, ma il cavallo mostra rigidità, impacchi o docce calde migliorano la circolazione periferica e sciolgono e rilassano la muscolatura che spesso è contratta per un effetto di "compensazione" a causa di dolori articolari cronici dovuti all'età che avanza.

– Un effetto analogo di riscaldamento o raffreddamento della parte può facilmente essere ottenuto con l'applicazione in loco di creme e unguenti a base naturale. I componenti attivi sono l'artiglio del diavolo (riscaldante), l'aloe vera e la calendula (lenitive e decongestionanti), il mentolo (rinfrescante). Le trovate con formulazioni espressamente create per l'utilizzo sui cavalli, ma potrete acquistare tranquillamente anche quelle ad uso umano in farmacia o erboristeria.

– Potete infine decidere, in casi sporadici nei quali il dolore o l'infiammazione sono particolarmente intensi, di applicare sugli arti del vostro cavallo cretate o poltiglie, faciandolo successivamente. Queste misture naturali già confezionate e pronte all'uso o "fai da te" hanno molteplici effetti benefici. E' il caso dell'argilla, utilissima in caso di artriti e infiammazioni di varia origine: applicata direttamente sull'arto, con un foglio di giornale bagnato volto a mantenere la parte fresca e umida, amplifica l'effetto drenante dell'idroterapia ed è lenitiva. In commercio se ne trovano di molti tipi, già pronte all'uso. Vanno tenute in posizione, per mezzo di una fascia da riposo in flanella, per 8-12 ore e poi accuratamente sciacquata. La senape piccante (mostarda) è il miglior trattamento dei problemi articolari: ha un enorme effetto analgesico e stimola l'attività sanguigna dei capillari, apportando una maggiore quantità di sangue nella superficie della cute. Il suo principio attivo è un olio estremamente volatile dall'odore pungente va mischiato con acqua fredda per attenuare i suoi potenti effetti "ustionanti" o con acqua tiepida per potenziarli. Sulla pelle sensibile può essere utilizzata solo se mescolata con farina in parti uguali, che ne mitiga l'effetto irritante. Coprite successivamente l'arto con un bendaggio di flanella, che manterrà il calore sulla cute.

<u>occhio alla vista</u>

Come per gli esseri umani in età avanzata, anche nel cavallo non più giovanissimo la vista può subire bruschi cali legati all'età o ad alcune patologie. La scoperta di difficoltà nella visione da parte del vostro cavallo non sempre è immediata, soprattutto se la sua gestione avviene in un ambiente conosciuto e familiare e le abitudini lungamente consolidate. Tuttavia, esistono alcuni campanelli d'allarme che non andrebbero sottovalutati. Se il vostro cavallo sobbalza quando gli arrivate vicino silenziosamente anche se sembrava guardarvi, se urta oggetti che si trovano sulla sua traiettoria o se vi da l'impressione di essere spaesato se le abitudini quotidiane vengono modificate (ad esempio se non viene legato per la pulizia nel solito posto, se viene messo in un paddock diverso da quello solitamente utilizzato, se il mucchio del fieno non viene posto nel solito angolo del box)dovete senza ombra di dubbio raddrizzare le antenne e prestare maggiore attenzione a tutti i suoi comportamenti.

Un parere veterinario sarà indispensabile per diagnosticare una eventuale patologia e per capire se il cavallo riesce ancora a percepire in qualche modo luci e ombre o se è completamente cieco.

Cavalli particolarmente tranquilli, che vivono in branco e sono gestiti in maniera abitudinaria potrebbero tuttavia non modificare il loro atteggiamento fino al momento in cui un ostacolo che non c'era fino al giorno prima si trovi sul suo cammino.

Mi è capitato di assistere, molti anni fa, ad una scena raccapricciante a casa di un'amica che era proprietaria di alcuni cavalli che gestiva personalmente, nella piccola scuderia attigua all'appartamento in cui viveva. Il mini branco era molto affiatato e tra i suoi componenti si erano instaurati veri e propri legami di amicizia. Tra essi vi era un'anziana cavalla di razza appaloosa, ormai in pensione da tempo, che veniva gestita in maniera abitudinaria e che mai aveva dato segnali che avessero fatto pensare a difficoltà di visione. Stesso box da anni, stesso orario di uscita al paddock, stesso orario di rientro, pulizia nel medesimo posto, pasti regolari somministrati ogni giorno al medesimo orario. Addirittura, accompagnando la sua cavalla al paddock, la mia amica la liberava sempre nello stesso posto, proprio davanti al cancello d'entrata, e lei quotidianamente galoppava via, percorrendo ogni volta la medesima traiettoria per raggiungere i compagni di paddock. Fino al giorno in cui un trattore si è trovato sulla sua traiettoria, fermo all'interno del paddock. La cavalla, come ogni giorno è stata liberata in prossimità dello steccato e come ogni giorno è partita al gran galoppo... andando a sbattere violentemente contro il trattore! Dopo il primo momento di sconcerto e paura per la sua incolumità (ma l'urto non ha per fortuna prodotto conseguenze) non abbiamo potuto far altro che constatare che la cavalla era completamente cieca. Semplicemente, abituata ad una gestione basata sulla routine, conosceva bene ogni angolo del suo ambiente e ne aveva memorizzato confini e percorsi. Però non vedeva più, ed è stato sufficiente l'introduzione di un cambiamento nel suo ambiente per portare alla luce un problema presente probabilmente già da diverso tempo.

La vista è il senso maggiormente sviluppato nel cavallo: i suoi grandi occhi, posizionati lateralmente sulla testa sono la miglior arma di difesa dai predatori, ma la loro natura abitudinaria, e la presenza di compagni di branco ai quali affidarsi, possono in qualche modo sopperire alle carenze nella vista e permettere una buona qualità di vita anche se "al buio".

E' quindi possibile, con alcuni piccoli accorgimenti, garantire un'esistenza serena anche ai soggetti affetti da cecità.

Affiancateli ad un soggetto mite, che conoscono e del quale si fidano: diventerà la loro guida e punto di riferimento.

No a cambiamenti di ambiente e gestione improvvisi; cercate invece di conservare tutte le abitudini ormai acquisite. La sua memoria sviluppatissima permetterà al vostro cavallo di riconoscere luoghi e persone anche se non riesce a distinguerne la sagoma.

Lavorate per diventare, se non lo siete ancora, un punto di riferimento per il vostro cavallo. Utilizzate la voce costantemente mentre interagite con lui. Il vostro tono calmo e rassicurante lo tranquillizzerà e gli permetterà di sapere sempre con esattezza dove vi trovate. Mentre lo maneggiate, dovrete utilizzare particolare attenzione e tenere sempre presente che la sua percezione dell'ambiente circostante è purtroppo limitata. I vostri occhi dovranno vedere anche per lui, allontanando ogni fonte di potenziale pericolo per la sua incolumità. In breve tempo il vostro amico a quattro zampe si sentirà protetto e al sicuro in vostra presenza e imparerà ad affidarsi completamente a voi.

La medesima intesa può essere, volendo, raggiunta anche in sella. Sono necessari tempo, pazienza, spirito sempre presente e moltissima attenzione, ma non è impossibile cavalcare un cavallo che non vede. Ovviamente anche solo un sasso o un buco nel terreno possono rappresentare un pericolo ed è quindi consigliabile lavorare in un rettangolo delimitato da uno steccato con un terreno ben livellato.

L'essere cavalcato è per il cavallo non vedente una dimostrazione di fiducia totale che dovrete meritarvi. I vostri occhi dovranno vedere anche per lui, dovrete imparare a prevedere ciò che ancora non è accaduto e mantenere un'attenzione costante senza tuttavia creare alcuna rigidità, che verrebbe immediatamente percepita come un segnale di pericolo da parte del vostro cavallo. Il compito è difficile ma non impossibile: dovrete imparare a mettervi nei panni del vostro amico a quattro zampe, ragionando come un cavallo farebbe. Col tempo diventerete abilissimi, acquisirete tranquillità e calma e la vostra sensibilità e il vostro "tatto equestre" aumenteranno.

<u>Mantenere alto il morale</u>

La componente psicologica ed emotiva è una variabile importante da tenere in considerazione se desiderate regalare una vecchiaia lunga e serena al vostro cavallo.

Negli anni delle competizioni il vostro cavallo, coccolato e accudito come una superstar ha sviluppato una forte autostima che gli renderebbe difficile sopportare un cambio di gestione radicale una volta arrivato alla pensione.

Le cure e le attenzioni che riceveva quotidianamente, e alle quali è abituato, gli mancherebbero al punto da deprimersi e sentirsi abbandonato e inutile.

Ne ho avuta la conferma lampante in almeno due occasioni, che desidero raccontarvi.

Sianne, una cavalla di 36 anni con un glorioso passato di dressagista alle spalle e almeno cinque o sei puledri avuti in età già matura, viveva in un box in fondo alla scuderia con paddock annesso. Entrava e usciva a piacimento e il suo fisico, spigoloso, con la schiena insellata e la pancia deformata dalle numerose gravidanze mostrava i segni dell'età e dell'usura. Ma in scuderia, memori del suo passato continuavamo a trattarla come una diva, e il suo morale era alto. Periodicamente, con il solo scopo di farle piacere, la si liberava nel maneggio coperto e lì la claudicante anziana cavalla si trasformava, esibendosi spontaneamente in figure di dressage di alto livello. Memore dei passati fasti, impettita e fiera eseguiva l'entrata sulla linea di centro e l'alt in x, per poi ripartire in evoluzioni equestri. Queste periodiche e brevi entrate in rettangolo le davano la sensazione di essere ancora utile e il suo morale ne traeva grande giovamento.

La stessa cosa accadeva a Jubi, quarant'anni suonati e un glorioso passato nel salto ostacoli, che da almeno una decina d'anni era libero di girovagare a piacimento tra box, paddock e scuderie. Veniva sellato solo un paio di volte l'anno, in occasione dei concorsi organizzati nel centro ippico, quando la marcia d'onore che suona durante la premiazione dopo le gare veniva trasmessa apposta per lui. Jubi entrava in campo al piccolo trotto, rotondo e impettito e veniva accarezzato e lodato come se avesse appena vinto un gran premio. Immancabilmente l'esaltazione prendeva il sopravvento e più di una volta il ragazzino incaricato di cavalcarlo finiva a terra, colto di sorpresa da alcune sgroppate di pura gioia.

Cosa possiamo capire dai comportamenti di Sianne e Jubi?

Innanzitutto che, il nostro modo di gestire l'esistenza del nostro cavallo, tra gare, spostamenti e allenamenti condiziona tutta la sua intera vita e crea abitudini radicate dalle quali il nostro cavallo fatica a staccarsi anche in età avanzata. Il cavallo che ha lavorato per noi tutta la sua vita ha bisogno di sentirsi utile anche in età avanzata.

In secondo luogo, ma ancora più importante, queste due storie ci ricordano che sotto la fitta coltre di pelo e le andature rigide si nasconde lo stesso cavallo che, pazientemente ha sopportato i nostri errori in sella, assecondato i nostri desideri, contribuito alle nostre vittorie.

Il nostro anziano cavallo ci ha dedicato senza risparmiarsi l'intera esistenza e merita quindi anche ora che è più fragile e acciaccato lo stesso rispetto, la stessa stima e le stesse attenzioni che gli dedicavamo quando venivamo premiati con coppe e coccarde per i nostri successi.

I cavalli invecchiano indubbiamente nel fisico ma è possibile mantenere giovane il loro spirito, assicurando loro così una vecchiaia felice e di qualità.

Abbiamo un grosso debito di riconoscenza con loro, e glielo dobbiamo.

Patologie della terza età

L'età che avanza porta con sé il rischio da parte del nostro cavallo di contrarre alcune patologie, tipiche della terza età o causate dall'usura o da precedenti errori di gestione.

<u>Malattie respiratorie</u>

Tra le più comuni patologie del cavallo anziano troviamo le malattie respiratorie, causate da una vita intera trascorsa in ambienti chiusi e polverosi, da precedenti patologie mal curate e da una diminuita capacità respiratoria associata all'età.

Non è raro trovare quindi cavalli anziani con problemi respiratori cronici più o meno invalidanti che possono andare dalla semplice intolleranza alle polveri, alla bolsaggine e fino all'enfisema polmonare. Questi cavalli vanno gestiti in modo da evitare per quanto possibile il contatto con ambienti polverosi e dovrebbero poter vivere all'aperto 24/24 per 365 giorni l'anno, eventualmente opportunamente protetti dal freddo e con la possibilità di ripararsi dal sole cocente o dal vento e dalla pioggia.

Gli ambienti chiusi e con poca aerazione quali sono le scuderie contengono al loro interno una grande quantità di polvere proveniente dalle lettiere e dal fieno.

Se proprio desiderate gestire il vostro cavallo in box, fate in modo che sia ben aerato e non posizionato in una scuderia chiusa e utilizzate una lettiera che non crei polvere (la torba è piuttosto cara ma è la migliore). Assolutamente da evitare sono la paglia e la segatura.

Il fieno, rigorosamente bagnato, può essere somministrato nei casi meno gravi, e deve essere prontamente sostituito dal fieno in pellet se la sintomatologia peggiora.

I cavalli con problemi respiratori lievi possono e devono svolgere una attività fisica leggera, che va invece evitata nei casi più gravi.

Le crisi respiratorie, spesso accompagnate da attacchi di tosse possono diventare più frequenti e intense in alcuni periodi dell'anno; quando questo avviene è opportuno procedere con una cura a base di cortisone secondo le indicazioni del veterinario, che rimarrà una figura di riferimento anche nella prescrizione di terapie di supporto.

Con una corretta gestione della quotidianità e dell'alimentazione del cavallo è tuttavia possibile evitare rapidi peggioramenti della malattia e assicurare al proprio cavallo lunghi anni con una buona qualità di vita.

<u>Laminite</u>

La laminite è la manifestazione di una endotossina sistemica generalizzata dovuta ad un cattivo funzionamento momentaneo o prolungato del metabolismo. Non è una malattia tipica del cavallo anziano; possono esserne colpiti improvvisamente cavalli di tutte le età in situazioni quali la colica, un parto difficile con ritenzione placentare, patologie polmonari o intossicazione dovuta a lunghi trattamenti con farmaci cortisonici o a causa di una alimentazione non bilanciata. In età avanzata la sua incidenza però aumenta, anche a causa di una maggiore difficoltà del corpo del cavallo a metabolizzare gli zuccheri contenuti ad esempio nella ricca erba primaverile e autunnale.

La miglior arma di prevenzione rimane un'attenzione continua all'alimentazione dentro e fuori dal box: limitate l'accesso all'erba in alcuni periodi dell'anno e predisponete un'alimentazione facilmente assimilabile e povera di zuccheri.

Se la quantità di zuccheri nel sangue è eccessiva, e il vostro cavallo non riesce ad assimilarli, l'intero organismo viene in qualche modo intossicato e i primi sintomi si manifestano negli zoccoli, riccamente provvisti di vasi sanguigni, con una forte infiammazione delle lamine, che permettono al tuello (parte viva) di aderire alla parete dello zoccolo. A causa di questa infiammazione l'adesione tra lamine e tuello viene meno e la terza falange, per azione del tendine flessore profondo, ruota con la punta verso la suola, perforandola nei casi più gravi

La laminite si manifesta, in modo più o meno grave, con dolore, zoppia e difficoltà di movimento che coinvolgono in un primo momento gli zoccoli anteriori, in quanto sottoposti ad un carico di peso maggiore; se trascurati, i sintomi potrebbero coinvolgere anche i posteriori. Il cavallo assumerà una posizione innaturale volta a scaricare il peso del corpo dagli anteriori. Nei casi più gravi potrete trovarlo a terra nel box, impossibilitato ad alzarsi a causa del dolore.

La tempestività con la quale si interviene è essenziale per scongiurare danni seri agli zoccoli a causa dei quali il cavallo potrebbe non essere salvato.

L'intervento del veterinario è essenziale e deve essere immediato: prescriverà al vostro cavallo una cura a base di antiinfiammatori e lavorerà in stretta sinergia con il maniscalco, che nella fase acuta (quando l'infiammazione è in atto e il piede caldo)cercherà di evitare la rotazione sollevando i talloni del cavallo con cunei alti a volte fino a quattro dita. E' importante in questa fase dare sostegno alla suola e raffreddare il piede; è quindi consigliato sostituire la lettiera del box con abbondante sabbia, che verrà inondata di acqua. Questa soluzione permetterà al cavallo di avere il giusto sostegno sotto la suola e di raffreddare più rapidamente gli zoccoli. Quando la fase acuta sarà superata l'altezza dei cunei verrà gradualmente ridotta e verrà effettuato un pareggio volto a riallineare, se c'è stata rotazione, la terza falange alla parete dello zoccolo. Nella fase cronica un cavallo che è al prato e vive in terreni morbidi può tranquillamente essere lasciato scalzo, e la sabbia della lettiera sostituita con altro materiale, purché soffice e abbondante (segatura, truciolo, torba), se il cavallo passa soltanto poche ore in box.

Se il cavallo lavora è necessario pensare ad una ferratura speciale.

Proprio a causa dell'età avanzata alcuni cavalli mal sopportano le dosi massicce e prolungate di antiinfiammatori necessarie al superamento di una crisi di laminite. Mi è successo personalmente, col mio cavallo "storico", che stavo per perdere a causa di una potente dissenteria conseguente alla cura con i farmaci convenzionali.

Abbiamo risolto il problema, insieme al veterinario, intervenendo con farmaci omeopatici, che hanno curato l'infiammazione senza scatenare i temuti effetti collaterali.

I tempi della cura sono lunghi, non sempre si riesce ad ottenere una guarigione completa e il cavallo dovrà essere costantemente monitorato e alimentato in modo adeguato alle sue condizioni in quanto, anche in fase cronica, le lamine rimangono più fragili e una ricaduta è sempre possibile.

<u>Morbo di Cushing</u>

La sindrome di Cushing è un'altra patologia tipica dell'età che avanza in quanto viene riscontrata solitamente dai 15 anni in su. La causa è un malfunzionamento dell'ipofisi che crea uno scompenso nella produzione ormonale. I sintomi sono molti e vari e non è detto che in un cavallo colpito dalla malattia siano presenti tutti, specialmente allo stadio iniziale. Il più evidente è l'irsutismo: il pelo del vostro cavallo cresce a dismisura, formando spesso onde e riccioli e non viene eliminato nemmeno in estate. Altri sintomi della malattia sono la laminite, sete eccessiva e aumento della minzione, cambiamento dell'aspetto fisico del cavallo con perdita di peso e di massa muscolare, infezioni ricorrenti soprattutto del cavo orale, letargia. La diagnosi avviene con esami del sangue e la cura prevede la somministrazione quotidiana di farmaci per tutta la vita del cavallo. Come supporto alla terapia potrete attuare alcuni piccoli accorgimenti che miglioreranno sensibilmente la qualità di vita del vostro cavallo. Buona norma sarebbe tosarlo in estate per liberarlo dal fitto manto e prevenire colpi di calore e provvedere ad un periodico pareggio degli zoccoli volto ad individuare precocemente qualsiasi alterazione che possa far temere un attacco di laminite. Un controllo periodico e attento alla bocca vi permetterà di monitorare lo stato dei denti, particolarmente soggetti a infezioni in presenza del morbo di Cushing. E' necessario infine adottare una dieta specifica, da decidere con la consulenza del veterinario. Sono inoltre necessari esami del sangue periodici, che permetteranno di constatare l'efficacia della terapia e la progressione della malattia. I cavalli che ne sono colpiti hanno comunque una buona aspettativa di vita, a patto che la diagnosi sia precoce e i trattamenti costanti.

<u>Patologie oculari</u>

La congiuntivite cronica affligge molti cavalli in età avanzata. Pregresse infiammazioni mal curate portano l'occhio a sensibilizzarsi e ad infiammarsi periodicamente. E' importante tenere sotto controllo i sintomi affinché il problema non degeneri portando a patologie pericolose per la vista. Collirio al bisogno, maschera antimosche in estate e particolare cura nell'evitare le correnti d'aria sono i mezzi per tenere sotto controllo questa patologia.

L'uveite equina ricorrente (detta anche male della luna) è un'infiammazione per la quale il cavallo produce anticorpi verso i suoi stessi organi a seguito di un'infezione. Gli episodi infiammatori possono ripresentarsi a intervalli di settimane e mesi dal primo episodio e ogni volta i danni all'occhio aumentano, arrivando in alcuni casi alla perdita della vista. I sintomi vanno dall'abbondante lacrimazione, all'arrossamento della congiuntiva, all'opacizzazione dell'occhio, alla difficoltà a tenere l'occhio aperto a causa del fastidio che la luce provoca. In alcuni casi l'infiammazione si trova negli stati profondi dell'occhio ed è asintomatologica, cosa che rende difficile la diagnosi e la cura esponendo il cavallo colpito a rischio di cecità. Una diagnosi tempestiva ed una cura adeguata permettono di prevenire o controllare ulteriori episodi infiammatori e impedire danni alla vista.

La cataratta può essere congenita o o acquisita.e non esiste una terapia per prevenirla o rallentarne il decorso. L'intervento è prettamente chirurgico ed è volto a scongiurare la perdita dell'occhio.

Il glaucoma, infine, colpisce l'occhio modificando la quantità e la composizione del liquido presente e modificando quindi la pressione all'interno dello stesso. Se non diagnosticato crea danni alla retina e la perdita della capacità visiva.

E' quindi consigliabile una periodica visita di routine anche in assenza dei sintomi tipici delle malattie oculari con lo scopo di diagnosticare tempestivamente malattie che potrebbero portare il vostro cavallo a perdere l'uso della vista.

<u>Tumori</u>

I cavalli in età avanzata possono sviluppare tumori, benigni o maligni, in varie zone del corpo. Il carcinoma si localizza solitamente sui genitali esterni egli occhi e sembrano esserne maggiormente colpiti i cavalli di razza Shire, Haflinger e Appaloosa. I soggetti dal mantello grigio sembrano invece essere i più colpiti dal melanoma che, normalmente ha un comportamento benigno allo stadio iniziale ed evolve con metastasi soltanto in stadio avanzato. La terapia prevede la rimozione chirurgica e/o la somministrazione di farmaci chemioterapici.

I sarcoidi sono la forma tumorale maggiormente riscontrata nei cavalli e vengono spesso ed erroneamente scambiati per verruche. Non sono tumori pericolosi per la vita del cavallo, ma una attenta diagnosi è necessaria in quanto il trattamento deve essere deciso caso per caso. La terapia tradizionale prevede l'asportazione chirurgica e la chemioterapia in loco o per bocca.

Il metodo olistico di gestione del cavallo, tendente a considerare le manifestazioni fisiche come risultato di blocchi energetici, associa i sarcoidi a blocchi emozionali e le considera delle "bombe emotive". Il trattamento non agisce direttamente sul sarcoide e la terapia è basata sulla cura del problema emotivo che l'ha creato.

Ecco due esempi di casi da me trattati in collaborazione con veterinari che che possono aiutare a capire meglio il concetto:

Una cavalla araba di cinque anni, dopo essere stata spostata dal luogo in cui era nata in seguito a vendita, aveva sviluppato nel giro di tre settimane un sarcoide del diametro di tre centimetri alla base esterna dell'occhio. L'analisi caratteriale del soggetto, pauroso, emotivo e costantemente in tensione, ci ha suggerito che il cambio di ambiente e di gestione la avesse destabilizzata al punto di fabbricarsi un paraocchi. La cavalla è stata trattata quotidianamente con globuli omeopatici scelti per aiutarla a sviluppare sicurezza e autostima e gradualmente l'abbiamo vista più tranquilla e serena. Contestualmente anche il sarcoide si è modificato, restringendosi alla base per poi seccarsi e cadere.

Il secondo caso riguarda una cavalla ipersensibile, introversa e incapace di esternare i suoi stati d'animo che, a causa di un radicale cambiamento d'ambiente, alimentazione e gestione ha iniziato a soffrire di ulcere gastriche associate a coliche ricorrenti. Il sarcoide si è sviluppato sul fianco raggiungendo il diametro di un centimetro nell'arco di una settimana appena. La cavalla è stata trattata con un rimedio omeopatico che agisce sul sistema emotivo profondo e già dopo poche somministrazioni ha iniziato a mostrare segni di disappunto quando qualcosa la infastidiva. Le coliche sono cessate e il sarcoide si è ridotto gradualmente fino a sparire completamente.

Ischemie e ictus

I soggetti in età avanzata possono essere soggetti ad attacchi ischemici ed ictus. Il sangue, con il passare degli anni, e a causa dell' invecchiamento di tutti gli organi (che diventano meno efficienti), tende a diventare più denso e la formazione di coaguli e trombi all'interno dei vasi sanguigni è possibile in ogni momento, anche se il cavallo gode di buona salute. Come avviene per l'essere umano, se il trombo raggiunge cuore o polmoni l'esito può essere fatale.

L'attacco ischemico potrebbe però anche essere "leggero" e coinvolgere, in maniera più o meno evidente, il cervello e il sistema nervoso del vostro cavallo, che avrà difficoltà di coordinazione e tenderà a muoversi in circolo. Potrete notare una asimmetria più o meno evidente osservando con attenzione narici, occhi e orecchie.

La terapia è esclusivamente di supporto e prevede l'uso di antiinfiammatori e se il sistema nervoso è coinvolto, la somministrazione di vitamine del gruppo B.

Se solo una piccola parte del sistema nervoso è stato coinvolto, nel giro di qualche giorno si potrà assistere a notevoli miglioramenti nella deambulazione e nella coordinazione e si potrà quindi procedere con un protocollo di riabilitazione. Probabilmente il veterinario prescriverà al vostro amico a quattro zampe una cura, che dovrà essere seguita per tutta la vita del cavallo, che fluidificherà il sangue, prevenendo così l'insorgere di altri episodi.

Purtroppo però, specialmente se il vostro cavallo è molto anziano, ad un primo attacco ischemico potrebbero seguirne altri in breve tempo e i danni neurologici diventare più importanti: potrà subentrare cecità parziale o completa, paralisi parziale con difficoltà del soggetto ad alimentarsi, rallentamento delle funzioni intestinali con rischio di colica, fino all'impossibilità da parte del cavallo di mantenersi in equilibrio.

Le possibilità di guarigione se questo avviene si assottigliano e l'esito è spesso nefasto.

Quando dire basta

Credo che l'unico difetto dei cavalli sia quello di avere una vita meno lunga di quella dell'Essere Umano.

Quando decidiamo di mischiare la nostra esistenza con quella di un cavallo dobbiamo essere consapevoli del fatto che, prima o poi, dovremo dirgli addio. E purtroppo, la probabilità che questo avvenga in un lasso di tempo relativamente breve aumenta se il nostro cavallo è già in avanti con gli anni. Ci si prepara a questa eventualità, la si prende in considerazione, ma non si è mai veramente pronti.

Il problema non credo sia però la morte... la morte è inevitabile e fisiologica e, quando il momento arriva, nessuna cura e nessun veterinario potrà contrastarla.

Il punto della questione è un altro: quando acquistiamo un cavallo, giovane o anziano che sia, ci prendiamo la responsabilità della sua vita e del suo benessere e dobbiamo essere consapevoli che, presto o tardi, dovremo fare i conti con problemi di salute e patologie che richiedono attenzioni costanti e cure a volte costose.

Abbiamo però anche il dovere di garantire al nostro cavallo una vita di qualità, preservandolo da sofferenze inutili.

Ho sempre pregato che, quando il momento fosse venuto, il mio cavallo Shahzada, con me per oltre vent'anni, se ne fosse andato in maniera naturale, veloce e senza dolore.

Invece le cose sono andate in maniera diversa.

Ventisette anni appena compiuti, in piena forma fisica, le gambe sode e asciutte, usciva al pascolo al gran galoppo ogni mattina quando, proprio per un attacco ischemico, quando sono andata a riprenderlo per portarlo in box, ho trovato un cavallo completamente diverso.

Inizialmente l'episodio è stato lieve, con difficoltà di coordinazione che nel giro di un paio di giorni stavano migliorando. Poi, di colpo, diversi peggioramenti rapidi.

Nuovi attacchi ischemici lo hanno reso completamente cieco e faticava ad alimentarsi, in quanto tutta la parte destra della bocca era ormai paralizzata. Non ho mollato: ho passato ore in box ad imboccarlo con del fieno in pellet ammorbidito in acqua fino a ridursi un una morbida pappa, l'ho riempito di olio di vaselina perché, a causa degli attacchi ischemici, anche l'intestino lavorava al rallentatore. L'ho massaggiato a lungo, cercando di capire se reagiva al tocco e se la sensibilità nei nervi periferici era ancora presente. Ho fatto ricerche on line per accedere ad un protocollo di riabilitazione per cavalli con problemi neurologici. Il giorno successivo mostrava grosse difficoltà a fare anche soltanto pochi passi e il veterinario, prontamente accorso, mi ha consigliato di portarlo in tondino dove, se fosse caduto a terra, avremmo potuto rialzarlo con l'aiuto di un trattore, operazione che non avrebbe potuto essere eseguita se il cavallo fosse caduto a terra all'interno di un box. Il tondino però si trovava lontano dalle scuderie, proprio ai bordi di un fitto bosco popolato di volpi, cinghiali e altri animali. No, non avrei lasciato il mio cavallo completamente cieco da solo, lontano dal suo branco, vicino ai predatori. Avrei corso il rischio di non poterlo rialzare. Se avesse dovuto morire, sarebbe morto nel suo box, con tutti i suoi amici intorno.

La mattina seguente l'ho trovato con un piede nel secchio del mangime, posato a terra per rendergli pi facile alimentarsi, incapace di muoversi. Sapevo senza saperlo che se avessi provato a sollevarglielo non sarebbe stato capace di mantenersi in equilibrio e ho provato a farlo indietreggiare, per sfilargli il secchio da sotto. Mi è caduto addosso e, con la forza della disperazione mi sono infilata sotto il suo collo, con tutto il peso del mio corpo a sostenerlo. Ho chiesto aiuto e, in due, siamo riusciti a rimetterlo in equilibrio, ma Shahzada riusciva a rimanere in piedi soltanto se appoggiato alla parete. E di colpo sapevo. Sapevo che il mio cavallo non sarebbe guarito, sapevo che stava soffrendo inutilmente, sapevo che questa non era vita; lui, così fiero e indipendente, costretto ad essere sostenuto e imboccato... sapevo che anche la morte era meglio di una vita in queste condizioni. E ho deciso. Ho deciso di fare la cosa giusta per lui anche se con tutte le mie forze avrei voluto tenerlo ancora accanto a me. Glielo avevo promesso molti anni prima, che la sua vita, lunga o corta che fosse stata, sarebbe stata di qualità e che sarebbe valso la pena di viverla.

L'ho salutato col cuore pesante ma leggero, cosciente di avergli regalato un'esistenza meravigliosa e certa di aver preso una decisione difficile ma giusta.

Vi auguro di non dover mai prendere una simile decisione, ma vi garantisco che, se la situazione dovesse presentarsi arriverà un momento nel quale saprete esattamente cosa fare. E lo farete, per compassione e amore verso il vostro compagno di una vita.

Conclusioni

Se avete deciso di tenere con voi il vostro vecchio compagno di gare ormai in pensione perché lo considerate come un membro a tutti gli effetti della vostra famiglia, e mai e poi mai potreste pensare di separarvi da lui, o se avete deciso di acquistare o adottare un cavallo a fine carriera per offrirgli una vecchiaia tranquilla avete fatto una scelta coraggiosa e ammirevole.

Siete consapevoli di esservi fatti carico di un Essere che ha un passato, sia dal punto di vista fisico che emozionale e siete pronti a fare tutto il necessario per assicurargli una vecchiaia dignitosa.

Ne sarete ripagati con gli interessi, credetemi.

Il cavallo anziano sa leggere, scrivere e pure fare di conto e vedere come questi Esseri rifioriscano con un po' di attenzioni e tanto amore è già di per sé una soddisfazione grande.

Ancora più grande sarà la gioia che vi daranno se darete loro l'opportunità di far parte della vostra quotidianità: saranno complici affidabili e sempre disponibili, amici, maestri, compagni delle ore migliori della vostra giornata.

Potrete trascorrere un lungo o un breve periodo in loro compagnia, ma sarà un tempo felice e, anche dopo la loro dipartita, quando il dolore per la perdita si sarà alleviato, continueranno a farvi sorridere al ricordo dei momenti felici che vi hanno regalato.

Altre pubblicazioni dell'Autrice

Un puledro tutto mio – *Vademecum per l'allevatore "in erba", 2016-L'arca communication*

Educazione e addestramento del puledro – *Dalla nascita alla doma, 2016-L'Arca Communication*

L'acqua che cura – *Manuale di idroterapia per il cavallo, 2017- L'Arca Communication*

Stretching per il cavallo – *Manuale teorico-pratico, 2017- L'Arca Communication*

Zucchero e peperoncino – *La storia vera di Shahzada, piccolo cavallo figlio del vento – Prima Edizione 2008, Nuova Edizione 2017- L'Arca Communication*